ESQUISSE

D'UNE

CONSTITUTION.

CE QUE LA FRANCE RÉPUBLICAINE POURRAIT, AVEC AVANTAGE,
EMPRUNTER AUX INSTITUTIONS DES ÉTATS-UNIS.

PAR J. MAGNE.

(Extrait de la Revue Britannique.)

ESQUISSE

D'UNE

CONSTITUTION.

> ... Quand on a vu beaucoup d hommes, quand on
> a comparé beaucoup d'opinions, l'on s'aperçoit que
> chaque homme a son prix, que chaque opinion a ses
> raisons...
>
> VOLNEY.

La république est universellement acceptée en France ; mais cela ne suffit point : il s'agit maintenant de la constituer et de l'asseoir sur une base large pour qu'elle soit durable. Comme tous les autres genres de gouvernement, la république est susceptible d'une infinité de formes ; il faut donc s'entendre sur celle qu'il convient de lui donner.

On a publié déjà quelques projets de constitutions ; je n'ai rien à en dire. On me permettra seulement de faire observer que cette esquisse, quelque imparfaite qu'elle soit d'ailleurs, est le résultat de plusieurs années d'observations pratiques recueillies en voyant fonctionner les institutions politiques et sociales de la plus grande république des temps modernes, de la seule où la prospérité publique et privée aille toujours croissant, sans paupérisme et sans charité légale. Les plus brillantes théories gouvernementales n'ont de valeur que celle que leur donne la sanction des faits. Toute étude faite du point de vue d'institutions reconnues sages au creuset de l'expérience mérite donc de fixer la sérieuse attention des membres de l'assemblée nationale.

Il ne faut pas croire non plus que mon travail soit une simple analyse de la constitution américaine, laquelle ne saurait être littéralement applicable à la France : c'est une sorte d'exposé des motifs d'un projet de constitution approprié aux besoins de la population à laquelle il s'agit de l'appliquer.

I.

DIVISION DES POUVOIRS.

La nation exerce, par délégation, sa souveraineté de trois manières principales : elle fait des lois, elle tient la main à leur exécution pour assurer le maintien de l'ordre public, et elle en fait l'application aux cas litigieux qui se présentent ; — en d'autres termes, elle fait la loi, elle gouverne et elle juge.

De là une division naturelle de cette souveraineté en pouvoir législatif, pouvoir exécutif et pouvoir judiciaire.

Cette division des pouvoirs n'est pas seulement naturelle, elle est encore nécessaire ; car la réunion de la souveraineté entière dans les mêmes mains, qu'elle fût exercée par un individu ou par une assemblée, serait évidemment une tyrannie sans contre-poids, un despotisme à la turque.

Pour le prouver, les autorités ne manqueraient pas. On pourrait citer Montesquieu et les grands publicistes de tous les pays. Mais à quoi bon ? On ne prouve pas un axiome, il suffit de l'énoncer.

Mais il ne suffit pas de reconnaître en principe la nécessité de cette division ; il faut encore s'attacher à la faire passer dans la constitution, non-seulement en apparence, en déterminant bien exactement les fonctions de chaque pouvoir, mais en réalité, en égalisant autant que possible leur force respective. Sans ces précautions, le plus fort empiéterait graduellement sur les plus faibles, et finirait bientôt par détruire l'équilibre.

II.

DU POUVOIR LÉGISLATIF.

Dans une organisation républicaine, le pouvoir législatif est le premier et le plus important de tous. C'est, à proprement parler, la pensée du corps social, la manifestation de sa volonté ; tandis que les deux autres n'en sont que l'application. Le pouvoir législatif est à la fois le cœur qui sent, la tête qui pense et la volonté qui décide; les deux autres sont tout simplement les membres qui exécutent ce qu'il a ordonné. Celui-là est actif, ceux-ci ne sont que passifs; l'un imprime le mouvement, les autres se bornent à le recevoir et à le transmettre.

Avec cette prépondérance que lui assure la nature même des choses, le pouvoir législatif ne saurait manquer d'absorber promptement les deux autres dans sa sphère d'action — absorption qui, cemme on l'a vu, serait le despotisme — si l'on n'avait soin de le diviser en plusieurs corps séparés et de soumettre même, au moins conditionnellement, ses actes ordinaires à l'approbation du pouvoir exécutif.

De là résulte clairement la nécessité de deux chambres et l'utilité du *veto*.

Le premier motif militant en faveur de la division du corps législatif en deux chambres séparées se tire donc de la nature même des choses, c'est-à-dire de la nécessité d'affaiblir celui des trois pouvoirs qui, par excès de force, menace constamment d'absorber les deux autres. Le monde moral, comme le monde matériel, est sujet aux lois de la pondération. Or ici, pour maintenir l'équilibre entre les pouvoirs, il faut absolument affaiblir au moyen d'une division le corps législatif, sous peine de le voir promptement concentrer toute l'autorité dans ses mains.

Deux chambres, d'ailleurs, surtout si l'on prend la précaution de leur donner une organisation distincte, soit par l'âge différent de leurs membres, soit par le mode d'élection, soit par une légère variété dans leurs fonctions respectives, soit par toutes ces choses à la fois, deux chambres, dis-je, sont le meilleur préservatif contre l'entraînement des passions et contre l'influence désastreuse que cet entraînement pourrait exercer sur la législation, et en général sur la direction des affaires publiques.

L'histoire en général, mais surtout l'histoire de la première révolution française, montre clairement le danger d'une seule chambre. S'il y avait eu deux chambres en 1793, la France n'aurait pas eu à subir le despotisme sanglant de la Convention.

Peut-être dira-t-on aussi que deux chambres n'eussent pas sauvé la France en triomphant de l'Europe coalisée. Cette objection n'est pas sérieuse. Dans les moments critiques, deux chambres ne se font point obstacle : leur action se conforme à la gravité des circonstances. A ces époques solennelles, nul n'oserait prendre sur soi d'entraver par une opposition intempestive la marche des affaires : ce serait, à défaut de patriotisme, encourir une trop grave responsabilité.

Au surplus, l'épreuve en est faite aux États-Unis par une longue et décisive expérience. Jamais les deux chambres n'y ont empêché, n'y ont retardé même, l'adoption des mesures urgentes. Il y a plus : loin de perdre du terrain, le système de deux chambres en a considérablement gagné avec le temps. Plusieurs états de la confédération n'avaient dans l'origine qu'une chambre unique, ce qui semblait préférable au double point de vue de la simplicité et de l'économie; mais peu à peu tous en sont venus, sauf, je crois, une seule exception, à reconnaître les avantages supérieurs de deux chambres et à diviser en conséquence leur corps législatif.

J'insiste sur ce point, vu son importance. Avec une chambre unique, il suffit d'un discours éloquent, d'un entraînement accidentel, d'un appel aux passions, pour faire adopter une mauvaise loi dont on aura exagéré les avantages apparents en en cachant les inconvénients réels, ou pour en faire repousser une bonne par une manœuvre inverse. Avec deux chambres, cela n'est guère à craindre; parce que deux assemblées différentes, délibérant chacune de son côté et examinant les mêmes projets l'une après l'autre, ne sauraient subir, au même degré du moins, des impressions semblables.

Deux chambres assurent donc plus de réflexion et de maturité dans la législation, et permettent d'apporter dans les affaires plus d'esprit de suite et plus de régularité d'action.

Avec une chambre unique encore, il y a moins d'indépendance dans le corps législatif, par la raison que la minorité est toujours sans appui, livrée à la discrétion de la majorité.

Avec deux chambres, au contraire, les opinions se partagent différemment sur la plupart des questions; souvent la majorité de l'une se trouve en communauté d'opinions avec la minorité de l'autre, et *vice versâ*.

De cette façon, l'indépendance de tous est assurée, et l'on arrive au but non par l'oppression, mais par la conciliation et par des transactions amiables.

Ce motif est d'une grande importance. Dans tous les gouvernements libres, on est obligé de prendre pour base de sa décision, sur toutes les choses appartenant au domaine des affaires publiques, l'opinion du plus grand nombre : c'est nécessairement la majorité qui gouverne. Cependant il peut arriver, et il arrive en effet assez souvent, que c'est la majorité qui a tort et la minorité qui a raison ; et cela se voit surtout dans les moments d'agitation, où la passion l'emporte aisément sur toute autre considération — c'est-à-dire alors précisément qu'un examen impartial serait le plus utile. Tout ce qui tend à protéger les minorités et à introduire une sage temporisation dans les délibérations du corps législatif doit donc être accueilli comme un gage de stabilité et de bonne administration.

Qu'on y regarde de près, et l'on verra que l'oppression des minorités par les majorités a souvent provoqué de graves désordres et plus d'une fois occasionné des révolutions.

Enfin il y a toujours, dans toute société, deux principes opposés en présence, le principe du mouvement qui a le progrès pour objet, et celui de la résistance qui a pour but la stabilité. Ces deux tendances opposées se disputent le monde ; elles se trouvent, à des degrés différents, chez tous les peuples, dans tous les temps, et sous toutes les formes de gouvernement : de là on peut inférer avec certitude qu'elles sont l'expression des sentiments intimes du cœur humain, et que de leur équilibre résulte le principe de toute civilisation. C'est en effet l'association de l'imagination et de la raison.

Il ne suffit pas que ces tendances puissent se manifester librement par la parole et par la presse, il faut encore qu'elles aient un moyen de se produire, et jusqu'à un certain point de se personnifier, dans les institutions. Or, cela ne peut se faire convenablement qu'avec deux chambres de composition différente.

Par tous ces motifs, l'indispensable nécessité de deux chambres me semble pleinement justifiée. Voyons maintenant quel mode d'organisation il conviendra d'adopter. Quant au nom, il importe peu ; qu'on appelle l'une chambre des députés ou chambre des représentants, et l'autre chambre des pairs, conseil des anciens ou sénat, cela ne fait rien à l'affaire. Cependant, je préférerais pour l'une le nom de chambre des représentants, et pour l'autre celui de sénat. Telles seront donc, uniquement à cause de cette préférence personnelle, les dénominations que j'emploierai.

III.

DE LA CHAMBRE DES REPRÉSENTANTS.

La chambre des représentants devant être plus particulièrement l'expression du principe du mouvement, de l'élément aventureux de la société, ses membres doivent être admis à siéger à un âge moins avancé et soumis plus fréquemment à la réélection.

Dans les pays libres, l'opinion est sujette à de perpétuelles modifications. Or, pour que ces modifications se reflètent fidèlement dans le corps législatif à mesure qu'elles se produisent, il faut qu'une des deux chambres, au moins, soit renouvelée très-souvent. Si, grâce à la division dont j'ai cherché à montrer l'utilité, le corps législatif ne cède pas toujours aux exigences de l'opinion publique, parce qu'elles ne sont pas toujours raisonnables, il les prend du moins invariablement en très-sérieuse considération.

Les représentants ne doivent donc être nommés que pour un temps très-court. Quant à la fixation de ce temps, je pencherais pour deux ans. Ce terme, en effet, est assez court pour que la chambre soit toujours l'expression de l'opinion publique, et assez long pour laisser aux représentants quelque indépendance personnelle, et surtout pour permettre aux nouveaux membres de se mettre au courant des affaires.

Viennent ensuite deux questions importantes : 1° Comment les représentants doivent-ils être élus ? 2° Combien doit-il y en avoir ?

La première se subdivise encore en plusieurs autres : Quelles sont les conditions à exiger de l'électeur et de l'éligible ? Quelle sera l'étendue des circonscriptions électorales ? L'élection, enfin, sera-t-elle directe ou indirecte ? à un ou à plusieurs degrés ?

Je ne vois pas grand inconvénient à proclamer définitivement le suffrage universel ; l'essai qui vient d'en être fait est de nature à rassurer les plus timides ; mais si on l'adopte, il faudra lui faire subir de nombreuses catégories d'exceptions. Il ne faut point perdre de vue que ce vote est moins un droit personnel qu'une fonction accordée en vue de l'intérêt général. Doivent être écartés, en conséquence, tous ceux qui, par la nature de leur position sociale, sont présumés manquer de l'indépendance nécessaire pour voter suivant leur conscience. Ainsi, dans presque toutes les constitutions, on n'accorde le droit de suffrage ni aux militaires, ni aux marins, ni aux domestiques à gages, ni aux mendiants, présumant que l'habitude de l'obéissance passive en ferait des instruments dans les mains du gouvernement pour les uns, de leurs maîtres pour les autres, et dans les mains de ceux qui les payeraient pour les mendiants.

Ces catégories d'exceptions sont toujours fâcheuses en ce qu'elles humilient des classes tout entières, en manifestant pour elles une injurieuse défiance. D'un autre côté, l'intérêt public a des exigences avec lesquelles il n'est pas possible de transiger.

Si je ne me trompe, la difficulté pourrait facilement être tournée à la satisfaction de tous.

En France, où tout chef de famille est contribuable, quel inconvénient y aurait-il à n'accorder le droit de suffrage qu'aux citoyens majeurs, inscrits au rôle des contributions, à un titre et pour une somme quelconques? Dès le moment que tous les citoyens payant taxe, sans exception, auraient le droit de prendre part à l'élection de ceux qui votent les taxes, quel est celui qui aurait le droit de se plaindre?

De cette manière, les exclusions se feraient naturellement sans avoir rien de blessant.

Quant aux conditions d'éligibilité, elles doivent être, à tous égards, assimilées à celles exigées des électeurs — il faut que tout électeur soit éligible.

La question de l'étendue des circonscriptions électorales, et celle de l'élection directe et indirecte ne sauraient, en bonne logique, être séparées. Elles doivent être discutées en même temps à cause de leur étroite connexité.

Sous le dernier gouvernement, l'opposition en masse demandait la substitution d'un collége électoral unique par département aux colléges électoraux d'arrondissement, tandis que le parti du pouvoir soutenait les colléges d'arrondissement.

C'était une fort curieuse anomalie.

S'il est un principe universellement admis dans les pays démocratiques, c'est que le représentant ne saurait être trop rapproché du représenté, et que plus la circonscription électorale est réduite, plus réelle est la représentation.

En effet, le beau idéal de la démocratie c'est le gouvernement direct et immédiat du peuple tout entier, jugeant et gouvernant sur la place publique. Ce n'est que par l'impossibilité où il se trouve, dans les grands états, de se réunir en une seule assemblée, que l'on a admis le principe plus élastique de la représentation. Ainsi, quoique supérieur au gouvernement des masses, le gouvernement représentatif n'a été admis d'abord que comme un pis aller imposé par la nécessité.

Il suit de là que le meilleur mode de représentation, au point de vue démocratique, est celui qui réduit à de plus étroites limites la circonscription électorale; car c'est celui qui se rapproche le plus du gouvernement de tous par tous.

On ne trouverait pas facilement deux hommes ayant identiquement les mêmes idées sur les affaires publiques; encore moins en trouverait-on deux qui fussent également instruits, également sages, également patriotes, également désintéressés. En supposant donc que chaque citoyen fût appelé à nommer un représentant, c'est-à-dire qu'il y eût absolument autant de représentants que de représentés, la représentation ne réfléchirait pas exactement les idées et les opinions de la partie représentée.

Seulement, en ce cas, elle s'en rapprocherait aussi près que possible. Par la même raison, à mesure que le nombre des représentants décroît, eu égard à la masse des représentés, la représentation s'éloigne de plus en plus de son but, puisqu'elle représente moins fidèlement l'opinion des masses représentées. C'est donc à juste titre que l'on tient pour un principe démocratique la division du pays en petites circonscriptions électorales, une pour chaque représentant.

Le système des grandes circonscriptions électorales procède au contraire d'un principe aristocratique ou ultrà-conservateur, car plus on agrandit la circonscription électorale, plus on éloigne le représentant du représenté, mais surtout plus sûrement on interdit l'accès du pouvoir aux talents inconnus, au mérite modeste. Dans ce système, en effet, on est obligé de prendre exclusivement les candidats parmi les hommes connus dans toute la circonscription électorale, c'est-à-dire parmi les hommes dont la réputation est déjà faite. C'est le monopole des célébrités.

Ainsi, sur cette question, les deux partis agissaient respectivement en contradiction flagrante avec leurs propres principes organiques.

Telle était même la préoccupation à cet égard, que des hommes puissants par la pensée, des logiciens, des philosophes, soutenaient, au nom des principes démocratiques, la thèse des grandes circonscriptions électorales.

« Avec un gouvernement populaire, disaient-ils, c'est à la majorité qu'appartient la toute-puissance. Or, la meilleure manière de reconnaître où se trouve la majorité consiste à la grouper par grandes masses. Les quantités négatives neutralisant les quantités positives correspondantes, la majorité se compose, en définitive, de l'excédant de la totalité des voix d'une opinion sur la totalité des voix d'une autre opinion. Il faudrait donc pouvoir arriver à ne faire de toute la France qu'un seul collége électoral, nommant tous les représentants par scrutin de liste.

» Alors on pourrait dire, en toute vérité, que c'est la majorité qui gouverne. Et quelle chambre on aurait ! Quatre cents ou cinq cents (suivant le nombre fixé par la loi) représentants, tous assez haut placés dans l'opinion, tous assez connus, pour pouvoir obtenir les suffrages de toute la France ! »

Ce raisonnement n'est que spécieux. La majorité doit gouverner, soit ; mais elle ne doit pas tyranniser la minorité. Or ce beau idéal d'un collége électoral unique pour toute la France serait une intolérable tyrannie.

Supposons, en effet, que la France, à peu près également divisée en deux partis, ait huit millions d'électeurs, huit millions et un si l'on veut ; supposons encore qu'en votant pour toute la représentation de la France par scrutin de liste, avec un collége unique, les voix se répartissent ainsi :

Pour l'opinion A 4,000,000
Pour l'opinion B. 4,000,001

C'est l'opinion B qui, à la majorité d'une voix, nomme toute la représentation de la France, 400, 500 membres, peu importe. Quant à l'opinion A, elle n'a pas un seul représentant dans le corps législatif. Est-ce démocratique? est-ce juste? est-ce même politique? Quoi! un parti qui forme la moitié de la nation n'aura pas un seul représentant, pas un seul organe au sein du corps-législatif!

Remarquez encore : les quatre millions de voix de l'opinion A neutralisent quatre millions de voix de l'opinion B; s'il n'y avait que huit millions de voix, ainsi également partagées, ce serait *partie nulle* et à recommencer. — Mais l'opinion B a quatre millions et une voix et elle fait l'élection, — donc c'est cette unique voix qui fait l'élection; c'est cette unique voix qui nomme la totalité de la représentation de la France!

Appliqué aux élections par département, ce système a moins d'inconvénients sans doute, puisque les circonscriptions sont quatre-vingt-six fois plus petites; cependant il n'en est pas exempt. Qu'il y ait, par exemple, dans un département, six représentants à élire, et qu'en opérant par petites circonscriptions il y en ait cinq à nommer par cinq arrondissements ruraux et un par le chef-lieu, c'est-à-dire par un arrondissement urbain. Il peut se faire que les cinq arrondissements ruraux nomment cinq représentants d'une même couleur, disons noire, et l'arrondissement urbain un représentant d'une autre couleur, disons rouge; — tandis qu'en opérant par scrutin de liste, avec un seul collége électoral par département, les six représentants eussent été rouges ; — parce que la majorité donnée au chef-lieu aurait contre-balancé, et au delà, les majorités plus faibles des cinq arrondissements ruraux. Ne serait-ce pas l'oppression de cinq arrondissements par un seul ?

Chaque représentant est bien, jusqu'à un certain point, le représentant de la France entière; cependant il est aussi particulièrement le représentant des intérêts légitimes de la localité qui lui a donné son mandat. Or, ces intérêts étant divers, il est utile qu'ils soient tous représentés. Les arrondissements ruraux, par exemple, ont un intérêt tout particulier aux progrès de l'agriculture, pendant que les arrondissements urbains sont plus affectés par les progrès de l'industrie et du commerce : et ces intérêts ne sont pas seulement divers, ils sont souvent hostiles.

Or, dans le système des grandes circonscriptions électorales, les départements ayant des grandes villes imposeraient presque

toujours des représentants industriels aux arrondissements ruraux,
— tandis que les départements n'ayant pas de grandes villes imposeraient des représentants agricoles aux arrondissements industriels. Dans l'un comme dans l'autre cas il y aurait oppression de
la minorité par la majorité, et infidélité dans la représentation.

Dans le système des petites circonscriptions, au contraire, chaque
arrondissement électoral nomme un représentant de son choix,
connaissant parfaitement les besoins de la localité, et décidé à les
défendre pour peu qu'il tienne à conserver son mandat.

Je crois donc le système des petites circonscriptions préférable
pour l'élection de la chambre des représentants. Il y a plus, c'est
le seul compatible avec l'élection directe.

Mais, avec l'élection à plusieurs degrés, il serait probablement
avantageux de donner la préférence aux circonscriptions départementales. — Ceci m'amène à examiner succinctement le mérite
comparatif de l'élection directe et de l'élection indirecte.

Par l'élection directe, le représentant est plus près des représentés; il est plus exactement l'homme de leur choix, l'élu de la
localité et l'écho de ses besoins. Ce sont là, on en conviendra, des
avantages très-considérables; ils seront déterminants pour ceux
qui pensent, comme moi, que la chambre des représentants doit
être le miroir fidèle du pays, reflétant exactement, non-seulement
ses idées générales, mais encore ses idées particulières ou locales,
et jusqu'à ses préjugés.

Par l'élection indirecte, d'un autre côté, on a des choix plus éle-
vés, parce que les électeurs, étant déjà des hommes d'élite, voient
les questions de plus haut, et sont meilleurs juges de la capacité
des candidats La représentation, choisie par ce moyen, sera donc
plus forte, plus intelligente, plus capable en un mot. Ce résultat
n'est pas seulement logique, il est sanctionné par l'expérience.

Un autre avantage de l'élection indirecte, c'est de donner une
moindre prise à la corruption.

Les hommes convoitent trop avidement le pouvoir pour ne pas
chercher à se le procurer par tous les moyens imaginables. De là,
l'exercice d'abord et bientôt l'abus des influences. Sous tous les
régimes, dans tous les temps, en tous lieux, l'intrigue et la corruption se glissent invariablement aux abords du pouvoir. Il n'y
a de différence que du plus au moins.

Dans l'ancienne organisation électorale, la corruption avait pris un très-grand développement. Il faut convenir aussi que les circonstances tendaient singulièrement à la favoriser. Il y avait d'abord un corps électoral permanent, très-peu nombreux, et facilement accessible aux entraînements de l'ambition ; on comptait aisément ses amis et ses ennemis, et l'on s'efforçait de gagner à tous prix les tièdes ou les douteux. Il était encore facile au pouvoir, au moyen de quelques francs ajoutés aux contributions de ses amis, ou de quelques francs retranchés aux contributions de ses adversaires, de faire ou de défaire des électeurs, et par conséquent de préparer à l'avance un certain nombre de succès électoraux.

Avec le suffrage universel la corruption se transforme sans disparaître. On ne peut plus faire d'électeurs par augmentation de contributions et en défaire par dégrèvement ; on ne se compte pas non plus si aisément ; mais l'*abus des influences* n'en existe pas moins. De l'argent, des faveurs, du travail, des cajoleries, obtiennent toujours des votes, non plus par dizaines, non plus par centaines seulement, mais par milliers.

Quant à la fraude, elle augmente toujours en raison directe du nombre des électeurs. Dans les grands centres de population, où l'on ne se connaît pas, comment peut-on éviter la fraude ? On peut la réduire à force de précautions, mais la faire disparaître, non.

Dans le système de l'élection indirecte, la corruption et la fraude sont moindres, et parce que l'électeur n'a pas un intérêt direct à corrompre ou à frauder, puisqu'il ne s'agit pour lui que d'un avantage tout à fait accidentel, ou plutôt d'une charge honorable, mais onéreuse, et parce que la nomination de certains électeurs déterminés n'assure pas d'une manière certaine l'élection de tel candidat ou de tel autre. Le résultat, en un mot, est trop incertain pour que la corruption se fasse sur une grande échelle, comme lorsqu'il s'agit de l'élection directe.

L'inconvénient le plus sérieux de ce système d'élection indirecte c'est de ne pas suffisamment stimuler l'électeur, et d'éloigner par conséquent du scrutin une grande quantité de votants retenus chez eux par l'indifférence. Cet inconvénient est très-grave, surtout chez un peuple non encore accoutumé aux exigences de la vie politique.

Tout bien considéré, le plus sage serait d'employer les deux modes à la fois, en les combinant de façon à profiter de leurs avantages, tout en atténuant le plus possible leurs inconvénients.

Pourquoi, par exemple, ne nommerait-on pas les membres de la chambre par petites circonscriptions et par l'élection directe, et les membres du sénat par circonscriptions départementales et par l'élection indirecte? Par ce moyen on aurait un corps législatif aussi parfait que puisse l'imaginer la sagesse humaine, puisque chacune des deux chambres qui le composent représenterait, par sa composition comme par sa condition d'existence, un des grands principes de conservation et de progrès dont la conciliation est le gage assuré du bonheur des peuples.

Le nombre des membres de la chambre des représentants n'est point non plus indifférent.

Plus le nombre est considérable, moindre est la proportion des représentants aux représentés. En prenant pour la population de la France et de ses dépendances le chiffre de trente-six millions d'âmes, et un représentant par dix mille habitants, on aurait une chambre de trois mille six cents membres. — Un représentant par vingt mille habitants donnerait une chambre de dix-huit cents membres.

Mais cet avantage presque insignifiant se trouve plus que compensé par l'inconvénient grave qui résulte des délibérations tumultueuses d'une assemblée très-nombreuse.

En général, plus les assemblées sont nombreuses, moins la discussion y est sage, calme, approfondie; en d'autres termes, plus elles sont nombreuses, plus mal les intérêts publics y sont traités. La raison et l'expérience ne laissent aucun doute à ce sujet. Il y a même une certaine limite passé laquelle toute délibération régulière est impossible.

Il s'agit donc de concilier, en prenant un équitable milieu, ces deux principes opposés; seulement il convient de se rapprocher davantage de l'extrême qui présente le plus d'avantages et le moins de dangers. Il importe assez peu, au fond, qu'il y ait un représentant par dix mille ou par cent mille âmes, tandis qu'il importe beaucoup que la chose publique soit bien dirigée.

Je crois, par conséquent, devoir prendre pour base de la représentation le chiffre de soixante-quinze mille, qui donnerait quatre cent quatre-vingts membres à la chambre des représentants. Ce nombre me paraît devoir satisfaire à toutes les exigences (1).

Une chambre de quatre cent quatre-vingts membres peut encore discuter à peu près convenablement, sans trop de coufusion, sans trop de perte de temps, et les localités s'y trouvent cependant suffisamment représentées (2).

Ainsi, la chambre des représentants se composera de quatre cent quatre-vingts membres élus directement par le peuple tous les deux ans, et par petites circonscriptions électorales.

IV.

DU SÉNAT.

Le sénat représente plus particulièrement l'élément de stabilité et de conservation. On doit donc exiger de ses membres plus d'expérience que de ceux de la chambre; on fixera, en conséquence, comme condition d'éligibilité, un âge plus avancé : disons vingt-cinq ans.

Par la même raison, il convient de choisir des membres au moyen de l'élection indirecte ou à plusieurs degrés, et d'adopter à leur égard, pour circonscription électorale, les limites de chaque

---

(1) Peut-être même vaudrait-il mieux prendre le chiffre de cent mille habitants pour base de représentation — ce qui donnerait une chambre de trois cents soixante membres. Suivant Volney, des assemblées excédant cinq cents délibérants sont des *cohues;* et il ajoute : « Peut-être trois cents sont-ils un nombre préférable. »

(2) Aux États-Unis le prorata de la représentation a suivi, jusqu'à un certain point, le mouvement de la population, comme on peut le voir par le tableau suivant. En augmentant ainsi le prorata on a voulu éviter les dangers qui résultent infailliblement d'une assemblée trop nombreuse. A chaque recensement décennal on fixe de nouveau le chiffre de ce prorata :

Années.	Prorata.	Nombre de représentants.
1793	33,000 âmes.	105
1803	33,000	141
1813	35,000	181
1823	40,000	121
1833	47,700	242
1843	70,680	224

département. On pourrait élire, par canton, des électeurs spéciaux chargés d'élire, par département, les membres du sénat, ou, plus simplement encore, charger de cette fonction les membres élus du conseil général.

Si les sénateurs étaient élus directement, peut-être conviendrait-il d'exiger un cens d'éligibilité; mais avec l'élection indirecte, cela n'est nullement nécessaire : les lumières des électeurs présentent une garantie suffisante.

Ainsi, la chambre des représentants serait élue directement par petites circonscriptions électorales, tandis que le sénat le serait indirectement et par circonscriptions départementales.

Si, au moyen de cette combinaison, la chambre reflète mieux l'esprit de détail et de localité, le sénat, réunissant plus de capacités, représentera plus spécialement l'esprit d'ensemble, il généralisera davantage l'opinion et traitera les questions gouvernementales avec une plus grande élévation d'idées.

Il importe aussi que la durée des fonctions des sénateurs soit beaucoup plus longue que celle des représentants, parce que c'est dans le sénat que doivent naturellement se conserver les traditions et l'esprit de suite indispensables à la bonne administration des affaires.

Par la même raison, il ne doit point être renouvelé intégralement, mais seulement par fractions, afin que la chose publique ne soit pas exposée à souffrir de l'inexpérience des nouveaux membres.

Je crois donc que les sénateurs doivent être élus pour six ans, mais en alternant de façon à ce que le sénat se renouvelle par tiers tous les deux ans.

Le moyen à employer est fort simple. Supposons que le sénat se compose de deux cent quarante membres, ce qui donne un sénateur par cent cinquante mille âmes environ de population. Pendant la première session on divise ces deux cent quarante sénateurs en trois séries de quatre-vingts membres chacune, en ayant soin de faire entrer dans chaque série le tiers, autant que possible, de la représentation sénatoriale de chaque département ou possession d'outre-mer. Ces séries formées, on tire au sort l'ordre de sortie. La première série fera ses six ans complets; la seconde n'en fera que quatre; la troisième n'en fera que deux. Ainsi, dès la seconde année, les sénateurs composant la troisième série seront à

2

réélire pour six ans; à la quatrième année, ceux de la seconde série seront à réélire aussi pour six ans; enfin, ceux de la première ne seront à réélire qu'à l'expiration du terme régulier de six ans.

Après cette période de transition, chaque série sera élue tous les six ans; et cependant le sénat se renouvellera tous les deux ans par tiers.

En ayant le soin de faire entrer, autant que possible, le tiers de sa représentation sénatoriale dans chacune des séries, chaque département se trouverait avoir à renouveler aussi un tiers de ses sénateurs environ tous les deux ans.

Outre ses fonctions législatives qu'il partage avec la chambre, fonctions dont l'étendue va bientôt être déterminée, le sénat peut être utilement chargé de contrôler les nominations des fonctionnaires laissées au pouvoir exécutif. On déciderait, par exemple, que les nominations faites par le pouvoir exécutif ne seraient valables qu'après avoir obtenu l'approbation du sénat.

Sous tous les gouvernements le pouvoir est exposé à faire de mauvais choix, assiégé qu'il est par la faveur et l'intrigue. Or, comme rien n'est plus contraire à l'intérêt public qu'un mauvais choix de fonctionnaires, on doit s'empresser d'accueillir une combinaison offrant à cet égard une plus grande garantie.

Indépendamment du contrôle réel qu'exercerait le sénat, cette obligation imposée au pouvoir exécutif de soumettre ses choix à l'approbation d'une assemblée délibérante, le forcerait à y mettre plus de soin et d'attention.

V.

ATTRIBUTIONS DU CORPS LÉGISLATIF.

Le corps législatif n'a d'autres limites que celles tracées par la constitution en vertu de laquelle il est orgarnisé; dans ces limites, qu'il est indispensable de déterminer clairement, on peut dire qu'il est omnipotent.

Je me bornerai à mentionner ici les principales matières qui sont de son ressort.

Ainsi, il lui appartient exclusivement :

1° D'établir les taxes et les contributions de toute nature, d'en régler le mode de perception et l'emploi;

2° De contracter des emprunts, faculté qui doit même être limitée aux cas d'urgente nécessité;

3° De déclarer la guerre et de prendre toutes les mesures y relatives;

4° De pourvoir enfin, par de sages lois, à la bonne administration de la république.

Quant aux traités de paix, d'alliance et de commerce, qui rentrent par la nature même des choses dans les fonctions du pouvoir exécutif, ils ne devront cependant être valables qu'après la ratification du pouvoir législatif.

Relativement à l'incompatibilité des fonctions, je la voudrais complète, absolue.

La plus sûre garantie de la liberté, ainsi qu'on l'a déjà vu, se trouve dans la division des pouvoirs; or, cette division est illusoire lorsque des fonctionnaires du pouvoir exécutif ou du pouvoir judiciaire peuvent encore appartenir au corps législatif.

D'ailleurs, si les fonctionnaires sont des fonctionnaires sérieux, et il ne doit pas y en avoir d'autres, il faut qu'ils remplissent leurs fonctions; or, ils ne sauraient le faire pendant qu'ils siégent dans une des chambres du corps législatif. On ne peut être à la fois législateur et fonctionnaire sans négliger ses devoirs; car lorsqu'on est à la chambre on n'est pas à son poste de fonctionnaire, et lorsqu'on est à son poste de fonctionnaire on n'est pas à son poste de législateur. Que si les fonctions dont on est chargé n'exigent aucun travail, aucune assiduité, c'est une sinécure qu'il faut supprimer.

VI.

DU POUVOIR EXÉCUTIF.

Vainement on ferait des lois si quelqu'un n'était chargé de tenir la main à leur stricte exécution; or, ce quelqu'un c'est le pouvoir exécutif. Dans toute organisation politique ce pouvoir existe; trop souvent même il y tient une place exorbitante, et tend sans cesse à absorber tous les autres, comme la royauté sous la monarchie.

A ce sujet, plusieurs questions se présentent. Le pouvoir exécutif doit-il être confié à un conseil ou à un seul individu? doit-il être héréditaire, à vie, ou à temps? et s'il est à temps, quelle doit être la durée de ses fonctions?

Le pouvoir exécutif représente l'action dans le corps social; il agit, passivement le plus souvent, parce qu'il ne fait qu'exécuter la pensée du corps législatif, mais il agit, et, parfois même, la plus grande promptitude d'action est indispensable. Cela seul doit exclure l'idée de confier ce pouvoir à un conseil, quelque peu nombreux qu'il soit. Suivant une ancienne maxime de droit : *Agir est le fait d'un seul, juger est le fait de plusieurs.*

Un pouvoir exécutif collectif ne saurait agir avec la décision, avec la promptitude, ni avec la discrétion d'un pouvoir exécutif individuel.

D'ailleurs, un pouvoir exécutif collectif manque presque toujours d'unité; par ses divisions, par ses tiraillements intérieurs, son action se trouve presque toujours paralysée, et sa volonté réduite à l'impuissance.

A cela il faut ajouter que plus la responsabilité est partagée, moins elle est réelle. Un homme investi d'une haute fonction est seul responsable du bien comme du mal qu'il fait. Or, cette responsabilité, ne fût-elle que morale, sert à la fois de frein et de stimulant : — de frein pour le mal, de stimulant pour le bien. Si cette même fonction est confiée collectivement à dix individus, la responsabilité est grandement amoindrie; si elle était répartie entre cent, elle disparaîtrait tout à fait.

L'intérêt public bien entendu exige donc que le pouvoir exécutif soit confié à un seul individu.

L'idée caressée par certaines personnes de confier le pouvoir exécutif, héréditairement, à quelque rejeton de race royale ne me semble pas valoir la peine d'être discutée.

D'abord ce ne serait plus une république que l'on aurait, et c'est exclusivement d'une constitution républicaine que je m'occupe.

Ensuite un pouvoir héréditaire a le grave inconvénient d'engager l'avenir, et d'obliger ceux qui viendraient après nous à faire une nouvelle révolution pour arriver à la république, s'ils préféraient cette forme de gouvernement.

Enfin, un pouvoir exécutif héréditaire ne tarde pas à se créer des intérêts de famille presque toujours en opposition avec l'intérêt public ; il tend incessamment, par l'intrigue et la corruption, à absorber les deux autres pouvoirs, de façon à se rapprocher de plus en plus de l'absolutisme ; il expose en outre le corps politique à être gouverné par des enfants ou des idiots.

Je ne voudrais pas davantage d'un pouvoir exécutif à vie, car il aurait, à peu de chose près, les mêmes inconvénients qu'un pouvoir exécutif héréditaire : l'intérêt de famille et la tendance à l'absolutisme. Il aurait même un inconvénient plus grave qu'aucun de ceux soulevés par l'hérédité ; car l'élection d'un chef à vie entraînerait fréquemment la guerre civile. Les candidats battus et leurs partisans patientent lorsqu'il ne faut attendre qu'un petit nombre d'années pour avoir leur revanche ; mais ils ne patienteraient pas toujours lorsque l'élection serait à vie. Il faudrait ne pas connaître le cœur humain pour en douter.

Le pouvoir exécutif ne doit même demeurer qu'un temps très-limité dans les mêmes mains, pour que l'on ne soit pas tenté d'en abuser. On ne peut défendre la liberté contre les empiétements des pouvoirs constitués qu'à force de vigilance et de précautions.

Quant au nom à donner au chef du pouvoir exécutif, on peut prendre celui de président ou tout autre.

Ainsi je crois que le pouvoir exécutif doit être confié à un seul individu (que j'appellerai président), pour un temps très-limité, et que je fixe à cinq ans. C'est assez long pour permettre au président de faire l'application des idées utiles qu'il peut avoir en arrivant au pouvoir, et c'est assez court pour qu'il ne puisse pas préparer une usurpation.

Le même individu ne devrait encore, en aucun cas, être investi deux fois de suite du pouvoir exécutif ; l'expérience ayant prouvé, lorsque la rééligibilité est permise, que le premier terme présidentiel est le plus souvent employé à préparer une réélection, pour le second terme, au détriment de la chose publique.

Mais en restreignant le pouvoir exécutif dans ces limites, il convient de lui donner un droit de véto conditionnel ou suspensif.

Il peut arriver, même avec la division du corps législatif, que l'on adopte un loi contraire à la constitution ou manifestement hostile à l'intérêt public. Un véto qui forcera le pouvoir législatif à examiner de nouveau la question en prenant en considération les raisons qui militent contre la loi, sera d'une utilité incontestable. Il faut seulement qu'il puisse être écarté si les trois cinquièmes des membres des deux chambres persistent, après nouvel examen, à voter la loi ; car la volonté d'un homme ne saurait prévaloir, après tout, contre la volonté contraire d'une majorité prononcée des deux branches du corps législatif.

Dans ces limites, le droit de véto est, dans les mains du pouvoir exécutif, une arme utile sans pouvoir être dangereuse ; car une loi véritablement sage, une mesure populaire, trouveraient toujours aisément, dans le cas où elles seraient frappées par le véto, une majorité des trois cinquièmes ; tandis que cette faculté peut prévenir une inconstitutionnalité, une injustice ou un acte d'oppression de la minorité par la majorité.

A l'égard du mode de nomination, je crois que l'élection directe doit être préférée, et parce qu'elle est mieux l'expression de la volonté immédiate du peuple, et parce que la première magistrature de la république ne peut être donnée qu'à des hommes d'une réputation assez haute pour être connus de tous les citoyens dans toute l'étendue du territoire, et parce qu'enfin c'est une manière inoffensive de donner satisfaction aux partisans d'un collége électoral unique pour toute la France.

Seulement il faudrait prévoir le cas où, par suite de la présence d'un certain nombre de candidats, nul d'entre eux n'obtiendrait la majorité absolue. On pourrait alors charger les deux chambres du corps législatif de faire un choix sur les trois citoyens ayant réuni un plus grand nombre de suffrages.

Au pouvoir exécutif doit appartenir naturellement, sauf l'approbation du sénat, la nomination des fonctionnaires de l'administration. S'il ne l'avait pas, ses subalternes, de l'action desquels il répond, seraient indépendants de lui : ce qui serait absurde. En le déclarant responsable de tous les faits de l'administration, ce qui est, dans l'ordre, on doit aussi, en bonne justice, lui laisser le choix de ses agents. On pourrait penser, de prime abord, que le contrôle du sénat est une atteinte à cette liberté ; mais un moment de réflexion fera changer d'avis. C'est toujours le président qui choisit les fonctionnaires : le sénat se borne à l'éclairer sur ses choix.

Le président fait les traités de paix, d'alliance et de commerce, sauf l'approbation du corps législatif ; il dirige l'administration tant à l'intérieur qu'à l'extérieur dans ses relations avec les puissances étrangères ; il est le commandant en chef des armées de terre et de mer.

Il a sous lui, à la tête de chaque département, des ministres ; mais ces ministres ne sont que des premiers commis. Le président seul est responsable, dans la véritable acception du mot.

VII.

DU POUVOIR JUDICIAIRE.

Je crois que l'organisation judiciaire actuelle, la seule chose que les étrangers envient à la France, pourrait être maintenue, sauf quelques modifications, comme l'emploi facultatif du jury dans les affaires civiles, comme l'abolition des tribunaux spéciaux, comme la diminution du nombre des juges, comme la simplification de la procédure.

Laissant à d'autres plus compétents le soin de traiter ce sujet délicat, je n'insisterai que sur la nécessité de l'abolition des tribunaux spéciaux.

Et d'abord, sous le règne de l'égalité, est-il logique de conserver des tribunaux spéciaux? Je ne le crois pas. Pour que la loi soit réellement la même pour tous, il faut que l'application en soit faite à tous par les mêmes tribunaux.

Pourquoi donc des tribunaux administratifs? Que font-ils que les tribunaux ordinaires ne puissent faire aussi bien qu'eux, sinon mieux, et avec plus d'indépendance? C'est un rouage de plus, une complication nouvelle, une plus grande dépense de force, pour arriver à un résultat moindre, à travers mille dangers pour la liberté.

Un savant professeur établit ainsi la nécessité d'une juridiction administrative séparée : « Administrer, c'est assurer l'exécution des lois dans l'intérêt général et local, ou prendre des mesures utiles en vue des intérêts collectifs de l'agriculture, du commerce et de l'industrie. Mais, pour assurer cette exécution, il faut donner au pouvoir exécutif le droit d'écarter les obstacles ou de statuer sur les réclamations; autrement l'administration, sans cesse entravée par des difficultés, deviendrait *impossible*, ou passerait au

pouvoir supérieur qui aurait le droit de prononcer entre les citoyens (1). »

Il n'y a pas à s'y méprendre, le but du droit administratif est
d'*écarter les obstacles* que le pouvoir exécutif, c'est-à-dire l'administration, trouve sur son chemin ; et comme les membres des tribunaux administratifs, quelque honorables qu'ils soient indivi-
duellement, sont toujours à la discrétion du pouvoir, leurs places
n'étant pas inamovibles, c'est, en définitive, l'administration qui
écarte elle-même ces obstacles — et cela d'autant plus facilement
qu'elle se trouve être ainsi juge dans sa propre cause.

Ce procédé doit être fort commode, en effet, et faciliter beaucoup l'administration, puisque c'est un moyen sûr et toujours à sa
portée de briser toutes les résistances ; mais est-il bien compatible
avec la liberté, avec l'égalité? Devant les tribunaux administratifs
nommés par l'administration et toujours destituables par elle, la
partie est-elle égale entre elle et les citoyens? N'est-ce pas comme
si l'administration décidait elle-même ?

Mais, dit-on, l'administation sans cela serait *impossible.* Ce mot
a beau être souligné dans l'ouvrage du savant professeur, il n'en
est pas plus vrai pour cela. Comment fait-on donc aux États-Unis,
où il n'y a pas vestige de tribunaux administratifs? Est-ce que le
pays n'est pas administré et bien administré sans cela? Que de-
vient l'impossibilité en présence de ce fait?

En réalité, les tribunaux administratifs ont été inventés sous la
double inspiration du despotisme et de la chicane : du despotisme
en ce qu'ils rendent le gouvernement juge et partie dans une foule
de questions; de la chicane en ce que les limites de leur juridiction étant à peu près arbitraires, ils soulèvent d'incessants conflits
dans leurs tentatives d'empiétement sur le domaine de la justice
ordinaire. Cela est si vrai que les questions de compétence forment
les sept huitièmes du droit administratif.

Concluons donc qu'il y aurait avantage, sous tous les rapports,
à supprimer les tribunaux administratifs en s'occupant de la réor-
ganisation judiciaire. Pendant trop longtemps on s'est attaché en

____

(1) *Cours de droit public et administratif,* par F. Laferrière, professeur de
droit administratif à la faculté de Rennes, p. 890.

France à centraliser et à compliquer ; le moment est enfin venu de décentraliser et de simplifier, tout en conservant, bien entendu, l'homogénéité dans la législation.

Ce qui vient d'être dit des tribunaux administratifs s'applique encore, du moins en partie, aux tribunaux militaires. Qu'il y ait des conseils de guerre pour connaître des faits d'indiscipline ou d'insubordination, rien de mieux. En ce cas, un tribunal militaire est le meilleur juge de ces questions ; en campagne c'est d'ailleurs le seul qui soit possible ; mais pour les actes commis en France sous les yeux de l'autorité civile par des militaires en dehors du service, pour des rixes avec des citoyens, en un mot pour tous les actes qui sont le fait de l'homme, non du militaire, pourquoi ne pas en saisir les tribunaux ordinaires? Pourquoi des tribunaux d'exception?

Rentrons donc enfin dans le droit commun. Que les tribunaux ordinaires appliquent la loi à tout le monde ; que tous les citoyens soient justiciables des mêmes tribunaux comme ils sont assujettis aux mêmes lois. Cette unité de juridiction simplifiera singulièrement l'administration de la justice, et la rendra tout à la fois plus prompte et moins coûteuse.

Mais quelle que soit l'organisation judiciaire, il est un principe qui, dans l'intérêt de la société, doit toujours la dominer, et ce principe c'est l'indépendance de la magistrature.

On a déjà vu en commençant que la souveraineté nationale se divisait naturellement en trois branches qui devaient être indépendantes les unes des autres, et que cette division était la seule barrière possible contre le despotisme.

Le despotisme, en effet, n'est que la volonté humaine affranchie de toute règle. Si celui qui fait la loi est également chargé de l'appliquer et de la faire exécuter, il est évidemment omnipotent ; car il peut modifier la loi à volonté, l'interpréter et l'appliquer à sa guise, et la faire exécuter suivant son caprice. Nul n'a de compte à lui demander. C'est sa volonté qui est la loi. Tout ce qu'il veut, il le peut.

Or, pour que cette division soit réelle, il faut que chaque pouvoir agisse avec une parfaite indépendance. Si le pouvoir exécutif, par exemple, était à la nomination du pouvoir législatif et toujours destituable par lui, il n'aurait que le nom de pouvoir exécutif, la puissance réelle résiderait dans la législature, qui serait à la fois pouvoir législatif et pouvoir exécutif.

Par la même raison, si le corps judiciaire était à la nomination, soit du pouvoir législatif, soit du pouvoir exécutif, et toujours révocable, ce serait en réalité le pouvoir investi de cette suprématie qui exercerait par délégation le pouvoir judiciaire.

A ces considérations politiques, il faut en ajouter d'autres, qui, sans avoir en apparence la même élévation, n'en sont pas moins d'une très-grande importance.

Le corps judiciaire doit être comme la femme de César, à l'abri du soupçon. Pour cela, l'intégrité personnelle ne suffit pas, il faut encore l'indépendance de position ; il faut que le juge ne soit pas à chaque instant placé entre sa conscience et son intérêt. Or, la société ne sera calme et confiante que le jour où elle aura la certitude que la fortune, la vie et l'honneur de chacun de ses membres sont en des mains pures, et assez élevées pour se trouver hors des atteintes de l'arbitraire.

Deux modes principaux se présentent pour recruter le personnel du corps judiciaire : la nomination faite par le pouvoir exécu tif ou l'élection ; l'un ou l'autre a ses avantages et ses inconvénients.

Le peuple en masse est un excellent juge de la probité ; en général, les magistrats élus par lui seraient honnêtes. Mais il est moins bon juge de la capacité, et sous ce rapport ses choix seraient presque toujours mauvais. — L'homme studieux, l'homme capable, si l'on sort des hautes régions gouvernementales, est rarement populaire — parce qu'il a consacré à l'étude et à la méditation le temps qu'il eût fallu sacrifier à la popularité.

Je préférerais donc la nomination à l'élection ; mais pour entourer les nominations de toutes les garanties possibles, je voudrais non-seulement les soumettre à l'approbation du sénat, mais encore que le pouvoir exécutif ne pût choisir que sur une liste triple fournie par le tribunal, par le barreau et par le conseil municipal ou départemental (suivant le cas) du lieu où il y a une vacance de juge à remplir.

Cette nécessité de donner la plus grande indépendance au corps judiciaire préjuge la question de savoir si les juges doivent être nommés à vie ; car l'indépendance n'est complète qu'avec des nominations à vie.

Si l'on nomme un juge ou si on l'élit pour un temps déterminé, cinq, dix ou quinze ans, il se préoccupera sûrement des moyens de se faire renommer ou réélire; c'est-à-dire qu'il sera complaisant pour ceux qui disposent de la puissance. Or, chez un juge, la complaisance et l'intégrité s'excluent.

Le seul inconvénient grave de la nomination à vie, c'est qu'il rend le juge indolent; mais cet inconvénient disparaît si l'on organise hiérarchiquement le corps judiciaire; car, ayant toujours devant soi la perspective d'un avancement, l'homme supérieur s'appliquera à le mériter par son zèle et son assiduité à ses devoirs. Et le zèle et l'application seront d'autant plus grands que ni la politique ni la faveur ne dicteront les choix, grâce aux précautions proposées.

Ce qui a le plus nui à la bonne composition et par suite à la considération de la magistrature pendant les trente dernières années, c'est que l'avancement hiérarchique n'y était plus sérieux : les hautes positions étant presque toujours données aux hommes politiques, en échange de leurs services dans les chambres législatives.

En résumé, les nominations à vie sont les meilleures en ce qu'elles assurent une plus grande indépendance. Quant aux nominations à temps, si l'on s'y arrête, plus long est le terme, meilleures elles sont, parce que moins immédiate est la dépendance.

VIII.

DU MODE DE RÉVISION DE LA CONSTITUTION.

La constitution est la loi suprême d'un état; c'est la loi par excellence à laquelle toutes les autres doivent être subordonnées, à peine de nullité, ou, pour parler plus exactement, dont la législation ordinaire n'est que le corollaire. Sans cela, la constitution cesserait d'être la constitution.

Par conséquent, la constitution ne doit être changée ou modifiée qu'avec une grande réserve et une certaine solennité.

Toutes les choses humaines sont sujettes à changement. Une constitution, quelque sage qu'elle soit, quelque soin qu'on ait pris de l'adapter au besoin et au caractère du peuple auquel elle s'applique, ne saurait être immuable. Avec le temps les besoins changent, le caractère se modifie, et la constitution doit suivre graduellement ces modifications — comme le vêtement suit les modifications du corps.

D'un autre côté, il serait dangereux d'opérer des changements trop fréquents. La loi, pour commander le respect des peuples, doit avoir une certaine fixité. Rien n'inspire la confiance comme la durée. Peut-être trouverait-on la raison du scepticisme légal qui règne en France dans les fréquents changements des institutions et des lois depuis un demi-siècle.

La constitution doit donc indiquer le mode à suivre pour pouvoir être modifiée plus tard, et ce mode doit être établi de façon à concilier la stabilité et les besoins légitimes de changement. S'il faut s'abstenir de toucher capricieusement à la loi fondamentale, on doit cependant se ménager toujours la faculté d'y toucher toutes les fois que la nation jugera qu'il y a des changements à y introduire.

On pourrait décider, par conséquent, que si deux législatures successives décidaient, à deux ans au moins d'intervalle, qu'il y a lieu de modifier la constitution, il serait procédé par la masse du peuple, suivant une forme déterminée par la loi, à l'élection d'une convention nationale chargée d'effectuer ces modifications.

Les bornes de cet article, déjà trop long, me forcent à supprimer une foule de considérations secondaires et jusqu'à la mention de quelques réformes urgentes. Il faut s'arrêter.

En résumé, division rigoureuse de la souveraineté en pouvoir législatif, pouvoir exécutif et pouvoir judiciaire; division du pouvoir législatif en deux chambres ayant des conditions d'existence diverses : — sénat de deux cent quarante membres élus indirectement tous les six ans par département, et de façon à se renouveler par tiers tous les deux ans; — chambre des représentants de quatre cent quatre-vingts membres élus directement tous les deux ans par petites circonscriptions; pouvoir exécutif confié à un seul individu nommé par le peuple directement pour cinq ans; pouvoir judiciaire hiérarchiquement organisé et nommé à vie; enfin indication des moyens propres à introduire successivement dans la constitution les changements nécessités par l'expérience.

Paris. — Imprimerie de V⁰ Dondey-Dupré, rue Saint-Louis, 46, au Marais.